Luca Mion

Vendere in tempo di crisi

MNAMON

1.
Premessa

Quando ho scoperto di essere un venditore è stato uno dei giorni più tristi della mia vita. Mi ero laureato in architettura circa vent'anni prima e avevo messo tutte le mie energie nel conquistare a fatica l'esame di abilitazione alla pratica di Architetto. Avevo lavorato in alcuni studi ma sentivo di non avere quel talento che altri miei colleghi esprimevano con apparente facilità. Non che non fossi capace di progettare, tutt'altro. Ma nei miei progetti non c'era nulla di innovativo. Ricorrente la domanda arrivava fastidiosa e ricorrente come una zanzara nelle notti d'estate: "ma io, cosa so fare veramente bene?" Ma a questo non riuscivo a dare risposta. Non che io non avessi provato altre strade, tutt'altro. Per alcuni anni ero andato a lezioni di sassofono. Poi un giorno ho sentito un ragazzino che aveva iniziato a suonare da circa un mese. Restai ad ascoltarlo estasiato, mi guardai con compassione le mani e decisi che non avrei più tormentato i tasti di ottone e le orecchie altrui. Quando pensavo di aver ormai chiuso indecorosamente una carriera mai veramente iniziata di architetto, il destino cambiò tutto. Perché il destino, come dice Seneca, "guida chi lo segue di buona voglia ma trascina chi si ribella". Così mi capitò, quasi per caso, di andare a Parigi per seguire un corso di vendita. Ricordo perfettamente che un certo Jean spiegava la vendita "one shot" ed io capivo le cose senza alcuna fatica a dispetto della lingua che non conoscevo. Iniziai a vendere nel febbraio del 2010 e quando mi trovai di fronte il cliente fu come se non avessi fatto altro tutta la vita. Ricordo che quando uscii dalla casa alla quale avevo venduto un impianto fotovoltaico dissi tra me e me: "ma se proprio questo dono doveva avermi dato Iddio, allora perché non aver iniziato prima? Quanta fatica avrei risparmiato e quanto di più avrei guadagnato!" In un anno sono diventato responsabile estero per una azienda che vende commerciali in tutto il mondo. Ho dei subagenti ed uno studio mio che prima potevo solo sognare. Ed ho realizzato tutto ciò nel periodo di piena crisi dove le doti di un venditore non si possono limitare alla capacità personale. Una volta c'era il buon vecchio venditore che sulla base delle strategie di vendita organizzate e sviluppate in precedenza, prendeva la sua valigetta tra appuntamenti e quant'altro e andava a far visita ai potenziali clienti. Oggi è ancora così? Solo in parte. Oggi fare il venditore, è diventato un mestiere molto costoso. Tra tasse, doppia imposizione contributiva (Enasarco, Inps), contributi, IVA, spese accessorie non deducibili e altro ancora, un buon venditore per sopravvivere, deve portare fatturati da grossa azienda. Le percentuali calcolate sulle provvigioni sono diventate ridicole a causa della continua rincorsa al prezzo basso e competitivo e le Imprese non sono più in grado di garantire fissi mensili. Ecco che così, i vecchi e collaudati sistemi di vendita si rivelano armi spuntate. "Non si vende più nulla". Perché? Non ci sono soldi in giro, nessuno compra più. Di questi tempi questa è la domanda più stupida e la risposta più banale che può venire in mente ad un venditore. Purtroppo è anche la più frequente. Perché? Siamo forse tutti degli sprovveduti? Ovviamente no! Tuttavia sia per pigrizia che per stanchezza evitiamo di analizzare bene il fenomeno crisi e ne stiamo patendo le conseguenze senza pensare alla cura, ma quello che è più grave nemmeno alla prevenzione. Inoltre, tanto per girare il coltello nella piaga, non è assolutamente vero che tutti patiscono gli effetti della crisi. Ci sono paesi, aziende, imprenditori e anche venditori che di crisi prosperano eccome! Non riuscire a vendere non è un problema solamente di chi inizia, ma anche per chi lo ha fatto per anni, se non decenni e che a causa di questa crisi mondiale non vende più nulla. Chi nella crisi vede solo un problema, sbaglia. La crisi è anche opportunità, cambiamento, rinnovamento. Ovviamente tutti i cambiamenti portano degli sconvolgimenti. Storicamente tutte le crisi economiche che ci hanno preceduto (la grande depressione del 1873 e la crisi del 29') seguono periodi di grande crescita economica. Allora cosa cambia nel mercato? Valgono ancora le vecchie regole? Le vecchie tecniche di vendita?

In questo periodo la crisi ha fatto molte vittime, suicidi di persone che non sopportavano più la stretta economica. Persone che, perso il lavoro, non hanno più saputo re-iniziare a vivere. Questo è successo sia per fattori esterni ma anche per mancanza di forza interiore. Ciò sta a significare che l'approccio alla soluzione della crisi non può e non deve necessariamente essere solo commerciale ed economico ma anche psicologico. Stiamo assistendo ad una terza guerra mondiale senza scoppi che fa più morti di un bombardamento. Interi comparti industriali spariscono, emigrano, si dissolvono nelle cancellerie dei tribunali fallimentari, oppure mutano, si trasferiscono e si rigenerano in altri prodotti.

In questi semplici appunti si cercherà di fornire delle indicazioni utili e spendibili a chi si appresta a fare il lavoro di venditore e a chi da anni lo fa ma che trova difficoltà inaspettate dovute alla crisi economica. Analizzeremo le strategie di vendita ancora attuali e sorvoleremo su tutte quelle ovvietà che spesso troviamo sullo scaffale della libreria, del tipo: come raggiungere il successo, migliorare se stessi, il venditore perfetto, la bibbia delle vendite, eccetera. L'approccio al problema sarà molto pratico e tutte le considerazioni teoriche serviranno unicamente come traccia per poter analizzare gli aspetti meno conosciuti del mestiere del venditore. Vendere è un'arte non un mestiere ma mai come in questo periodo serve saper fermarsi, riflettere su cosa fare e come ripartire.

2.
La Cultura

Studiate, perché avremo bisogno di tutta la vostra intelligenza.
Antonio Gramsci

Il settembre del 1984 lessi questa frase su un cartellone (ai tempi si chiamava tazebao) nella università che mi accingevo a frequentare. In realtà non compresi il senso di quelle parole se non molti, moltissimi anni dopo. Quell'incitamento ad imparare, a sapere, come se la cultura potesse in qualche modo condizionare le nostre vite attuali, semplicemente impossibile. Pensavo io. Ma non era così. La cultura serve eccome! Specialmente quando tutto intorno a noi cambia repentinamente, inaspettatamente e purtroppo, a volte, tragicamente. In questa crisi quante persone hanno dovuto "rivedere" i loro stili di vita, le loro abitudini, il tempo stesso delle loro giornate che senza "il lavoro" diventavano infinite. Allora? Cosa poteva aiutarci se non il sapere. Il conoscere? Riflettiamo un momento sulla figura del venditore e rivediamo questa persona non oggi, attanagliato da una crisi che non lo lascia lavorare come dovrebbe, ma qualche tempo fa, quando le cose andavano meglio...

Durante il boom economico (tra gli anni '60 e '90) quasi ogni persona (o quasi) poteva fare il venditore. Questo per una semplice ragione: il mercato assorbiva tutti i prodotti e tutti i servizi. Si vendeva a rate, con cambiali, con assegni posdatati con fidi concessi allegramente. Il direttore di una piccola filiale bancaria poteva disporre di grandi cifre (cosa che oggi è completamente scomparsa) e tutti guadagnavano bene. Questo avveniva, per quanto ne dicano gli analisti economici, perché circolava molto denaro. Va da se che in questo contesto la preparazione tecnica del venditore assumesse una importanza relativa in quanto la domanda superava l'offerta e rendeva la figura del venditore ridimensionata e relegata in un ruolo più funzionale che promozionale. Gli stessi luoghi della vendita erano differenti dagli attuali. Le macchine si vendevano presso i concessionari, quei luoghi simili ai negozi di giocattoli dove il cliente si recava tasche piene a soddisfare i suoi capricci. Oggi quei luoghi sono spazi vuoti riconoscibili dalle grandi vetrine impolverate. La crisi mondiale dell'economia ha cambiato le modalità della vendita. Ciò implica altri aspetti: Non solo il cliente aspetta il venditore senza più cercarlo, ma si informa sul prodotto con internet, un mezzo straordinario che permette un collegamento immediato con una moltitudine di informazioni un tempo inaccessibili. Pensate ancora che si possa andare da un cliente senza essere degli esperti sul nostro prodotto? Pensate di conoscere veramente il vostro prodotto o il vostro servizio? Sbagliate! Dentro la vostra valigette c'è più di quello che vi hanno detto di vendere. Il cliente che vi riceve è innanzitutto curioso: egli vuole sapere cosa voi sapete che lui ignora. Dovrete perciò dimostrare cultura tecnica e doti "consulenziali" oltre che capacità negoziale. Dovrete rappresentare per il cliente un portatore di soluzioni, non di merce. Solo così, il vostro prodotto si eleverà per diventare appetibile a chi vi ascolta. Dovrete approfondire aspetti finora inesplorati: lo studio dei report economici, le procedure burocratiche per l'export, le statistiche di scambi di beni e servizi, la situazione socio politica che determina negli stati il Country Risk Update, senza dimenticare mai la conoscenza approfondita dei processi produttivi ed economici.

Se questo vi sembra impossibile, sbagliate. Eccome! Usate internet per erudirvi sui processi di produzione. Esistono siti (riportati in appendice) che vi spiegano moltissime cose che il vostro cliente non ha voglia di leggere ma che amerà sentire da voi. Ricordate che chi avete davanti vi esamina, sempre. Tutto ciò rinnoverà la figura del vecchio venditore rendendola più attuale e vicina ad un consulente valido e affidabile per l'impresa. L'obbiettivo è quello di fare in modo che il cliente percepisca questa vostra competenza e si fidi di voi e la fiducia vi assicurerà la vendita. Come si può pensare che un venditore possa vendere dei mobili in Germania se non conosce il mercato tedesco? Eppure mi è capitato di incontrare un piccolo industriale che pretendeva che il suo venditore facesse dei viaggi in Germania con un furgone carico di seggiole da far vedere ai clienti. Cose da trent'anni fa! Se solo avesse letto qualcosa invece di piegare la testa sul banco avrebbe scoperto come funzionano le cose. Avrebbe capito come la Germania prediliga il commercio organizzato e cosa siano i gruppi di acquisto quali Porta, Hoffner, Segmuller, Mobel-Kraft, Finke, Ostermann ecc. Avrebbe saputo che in tempi di crisi il 20% dei consumatori tedeschi prediligono la qualità e la longevità del prodotto e il 10% si documenta sul prodotto con seminari e riunioni tecniche. Avrebbe individuato il migliore momento per vendere il mobile: l'inverno, in quanto il tedesco per ragioni climatiche è più dentro casa e vive la fase chiamata "pimp my home" oggetto di riunioni e seminari all'IMM (Internationale Mobil Messe) di Colonia, la più grande fiera tedesca dell'arredamento. Sarebbe riuscito a capire che l'Italia è apprezzata per il design, l'inventiva, la qualità delle lavorazioni non per il prezzo più basso. Ma senza questo studio e questo approfondimento egli potrà solo lamentarsi del calo degli acquisti e della concorrenza sleale ed infine della maledetta crisi. Il tutto senza aver ancora capito di investire sulla ricerca e su una efficiente rete di vendita. Cercate dunque di approfondire sempre tutte le tematiche che ruotano attorno al vostro prodotto. I gusti del pubblico cambiano sempre e questi sono legati indissolubilmente al desiderio di possesso, di sicurezza, di agiatezza. Questi obbiettivi sono raggiungibili solo con l'acquisto di beni o servizi dedicati al raggiungimento di tali scopi. Non esistono le coincidenze e tutti gli accadimenti sono fortemente interconnessi tra loro, specialmente ora che il mondo è diventato così piccolo. Il fatto che Obama sia il nuovo presidente degli Usa è fondamentale per il mercato delle energie rinnovabili, per quello della sanità, del welfare. Tuttavia può essere visto come il fallimento di una politica espansionistica e militare e dunque le industrie che riceveranno un brutto colpo saranno quelle legate a forniture militari, estrattive, finanziarie ecc.

Insomma, dovete cercare in tutti i modi di erudirvi sul vostro prodotto e sul mercato che avete dinnanzi a voi, dovete studiare perché di fronte al cliente avrete bisogno di tutta la vostra intelligenza. In fin dei conti lo dice anche il buon proverbio: nella vita non si finisce mai di imparare.

3.
Il Prodotto

Ho notato che molti venditori non dedicano sufficiente tempo al prodotto che vendono. Sono concentrati nel vendere, e basta. Casomai cercano qualche "aiutino" nei manuali di tecniche di vendita, nella PNL e poi ricadono in atteggiamenti scaramantici del tutto inutili. Conoscere il proprio prodotto non vuol dire sapere che cosa avete in borsa ma anche la potenzialità che in esso è racchiusa. Ho conosciuto recentemente un produttore di gru, probabilmente non era laureato, ma sapeva esattamente chi fossero i suoi concorrenti, dove vendevano, a quanto. Inoltre conosceva il suo cliente tipo, il perché egli compra dalla concorrenza, a chi rivendeva le macchine usate. Insomma sapeva veramente tutto del suo prodotto. Tuttavia a questo ho proposto un "trade Agent" per la Libia. Io non sapevo nulla di gru, e non potevo competere con lui ma avevo letto uno studio sulla Libia, che spiegava il perché in quel paese possono vendere solo dei libici o delle società controllate esclusivamente da soci libici. Ora che il dittatore Gheddafi era morto, la Libia sta ricostruendo tutto il suo comparto piccolo industriale e non c'è mezzo più richiesto di una gru in chi si accinge a ricostruire qualcosa. Un venditore è necessario specialmente nei paesi in cui l'edilizia sta riprendendo.

Ecco, questo è il caso di cui dicevamo nel primo paragrafo: riuscire ad aggiungere al prodotto qualcosa che il cliente non conosce.

Capite dunque perché è così importante credere e studiare il prodotto che si vende? Capirne le qualità, il suo utilizzo, i costi di gestione, l'impegno e le soddisfazioni che comporterà a chi si appresta ad acquistalo, i competitors, i prodotti similari sul mercato e i relativi costi. Perché è importante che il nostro prezzo si allinei a quelli della concorrenza e sia percepito dal cliente in tale scala di valore.

Avrete certamente verificato di persona che alcuni venditori conoscono bene il prodotto che vendono mentre altri sono superficiali, poco precisi nelle risposte da sembrare svogliati. Ovviamente la scelta del cliente sarà determinata oltre che dal prodotto anche dalla figura di tale venditore che farà le fortune o le sfortune della sua azienda. Questo è maggiormente vero per il venditore di servizi, il quale non ha prodotti da mostrare. Quel venditore per convincere il suo cliente dovrà essere molto più convincente del commesso del negozio. La verità è che il centro della vendita è qualcosa di non tangibile. Il venditore dovrà allora costruire una serie di immagini, di luoghi mentali. Situazioni atte a far raffigurare al cliente quello che non ha forma. Il prodotto assicurativo ne è un esempio: Il cliente paga per avere una garanzia sul futuro, che per sua stessa natura è imprevedibile. Ebbene il venditore dovrà descrivere cosa succederà nel caso si avveri un evento ipotetico e ciò dovrà impressionare il cliente creando in lui varie sensazioni di paura e di sollievo legate alla scelta che egli stesso sta per fare. La firma del contratto sarà come dare due giri di chiave ad una porta che lo separi dalle sue paure.

Paure, desideri, pulsioni. È questo che spinge il cliente verso l'acquisto o il diniego di un prodotto, a cui sono intimamente legate. Ad esempio: pensate che una macchina sia solo un mezzo per spostarsi? Nulla di più errato! Un venditore di macchine una volta mi ha raccontato un fatto curioso. Egli, prima di aprire un salone proprio, faceva il dipendente per una concessionaria Mercedes. Così mi raccontò un fatto che gli era accaduto: all'ora di chiusura entra in concessionario una persona vestita in modo poco elegante e impacciato nel parlare. Poco prima, era stato in una concessionaria BMW dove il venditore, vista l'ora e la persona, lo ha convinto a ritornare il lunedì successivo. Il nostro venditore invece lo fa accomodare, gli parla in modo amichevole non curandosi dell'orologio e ascoltando il suo potenziale cliente, i suoi bisogni e i suoi sogni. Il cliente, rivelatosi un ricco commerciante di pesce poco incline ai convenevoli e refrattario ai rifiuti, fa la sua scelta acquistando una vettura di rappresentanza dal venditore che gli descrive nei dettagli il suo prodotto decantandone i vantaggi sulla concorrenza. Questa è la vera ragione per cui nelle nostre strade c'è una Mercedes in più. Io ho dato una lettura personale del fatto. Non solo il nostro venditore è stato più disponibile e meno legato all'orario di chiusura (infatti diventerà poi un concessionario) ma crede nel suo prodotto, lo vuole propagandare, lo vuole distribuire, intende spiegarlo e dunque lo propone in vendita. E ci riesce! Chi vende deve essere un passo avanti e deve rappresentare per il cliente una guida, un punto di riferimento. Il venditore non vende solo il prodotto ma anche ciò che sta attorno: la consulenza, consigli, giudizi comparativi, insomma ciò che concorre a formare nel cliente il proposito dell'acquisto. Questa vendita si chiama "consulenziale" e si basa su un principio, secondo il quale il cliente non vuole che gli si venda qualcosa, ma è sempre alla ricerca di acquistare ciò di cui ha bisogno o che gli possa migliorare la vita senza tuttavia percepire nel dettaglio l'oggetto del suo desiderio, e in questo ama essere consigliato. Quali sono le caratteristiche del cliente? La prima è il suo bisogno, la seconda è il suo potere di acquisto, la terza è il suo grado di emotività. Queste informazioni sapientemente pilotate portano dritti dritti alla vendita. Ogni persona è alla perenne ricerca di un qualcosa, è forse questo che costituisce quella spinta che ha motivato i grandi esploratori a varcare i limiti che gli erano stati imposti. Questo vale anche nella scala più ridotta della quotidianità imprenditoriale. Ogni uomo necessita di qualcosa per sentirsi meglio e desidera quel qualcosa nella speranza che ciò lo possa condurre alla risoluzione dei suoi problemi e fargli vivere una esistenza migliore. Chiedetevi sempre: il mio prodotto può rispondere a questa domanda? Se non nutrite amore e fiducia per il vostro prodotto, lasciate perdere tale lavoro! Sembra facile a dirsi, ma lo è veramente! Cercate il prodotto che vorreste vendere, quello che è più vicino alle vostre pulsioni, quello che vorreste vedere nelle mani del vostro cliente; da lì tutto sembrerà più facile, conoscerete colleghi nuovi, nuove opportunità di vendita e insperati guadagni. E la ragione di tale questione è legata intimamente al fatto che state facendo ciò che vi piace.

4.
Il Cliente

Se avessi chiesto ai miei clienti cosa volevano, mi avrebbero risposto: un cavallo più veloce.

Henry Ford

Spesso il cliente non sa nemmeno lui ciò che vuole. Spesso il venditore non conosce a fondo il suo cliente. Spesso l'azienda non approfondisce questo argomento con i suoi venditori, concentrando tutto il senso di fare impresa in un solo verbo: VENDERE.

Quando ciò non avviene, apriti cielo! Invece nel 1973 Peter Drucker aveva già scritto le 5 domande che ogni impresa dovrebbe porsi, tra queste due riguardano i clienti e sono le seguenti: Chi è il nostro cliente? Cosa assume valore per lui? Questa è una delle prime regole del marketing! Nessun venditore può dire di conoscere il proprio lavoro abbastanza bene se non conosce il proprio cliente. Ciò implica relazioni, contesti, condizioni generali che non possono essere ignorati. In questo paragrafo cercheremo di dare corpo a questo concetto così fumoso e inconsistente tanto da essere sbandierato da tutti senza essere spiegato da nessuno.

Il cliente è colui al quale noi proponiamo una soluzione migliore di quelle che egli stesso ha sperimentato fino a quel momento. Tuttavia è anche la persona che vuole qualcosa in più di ciò che possiede, in poche parole è un insoddisfatto.

Che questi sia un droghiere che vuole proporre ai suoi clienti una nuova specialità culinaria oppure un industriale che vuole assumere un nuovo direttore commerciale oppure un teenager che vuole comprarsi l'ultimo modello di telefonino, quello che accomuna queste persone è la loro disposizione a spendere per raggiungere il loro obbiettivo: migliorarsi. Convincere il cliente che siete voi ad avere tale prodotto o servizio è la differenza tra voi e la concorrenza. Ciò vuol dire una cosa: dovete proporre soluzioni. Prodotti innovativi, più economici oppure più pratici, prodotti che racchiudano in loro un qualcosa di nuovo e migliorativo, solo allora avrete la possibilità di vendere. Un importante parametro che riguarda il cliente è la sua possibilità di acquisto. Il venditore deve riuscire ad intuire le capacità economiche di un cliente senza pregiudicarlo. Non dovrete mai scegliere il cliente ma dosare le energie sapientemente senza "sprecare" tempo e risorse preziose. A tutti piace l'idea di poter possedere un'auto sportiva ma pochi se lo possono permettere. Nella vendita in genere, dal porta a porta come nella grande distribuzione il prodotto avrà un prezzo che è studiato con parametri simili dal punto di vista concettuale ma in scala più ampia. Il concetto non cambia. La domanda che si deve fare chi vende è questa: cosa è disposto a fare il mio cliente per acquistare il mio prodotto? Posso chiedere tanto? O perdo la vendita? La questione è meno scontata di quello che crediate. In India l'anno scorso, un giovane ragazzo che voleva acquistare un Iphone ha venduto un rene, evidentemente reputando che questa parte del suo corpo avesse un valore inferiore ad un oggetto di culto come il telefonino più avanzato al mondo. In realtà questo bisogno di tecnologia, di aggiornamento, di adeguamento è stato il messaggio che Steve Jobs ha lanciato fin dalla sua prima presentazione.

Quando il nostro cliente ci dirà se è disposto ad acquistare o meno? Quando andremo in trattativa! Egli non può dimostrare interesse se noi non abbiamo comunicato il prezzo del nostro prodotto\servizio. Nel paragrafo successivo si tornerà in questo punto con maggiore pertinenza ma ora quello che vogliamo trasmettervi non è una tecnica di vendita ma una attenzione alla persona che avete davanti. Il cliente, una volta saputo il prezzo può decidere se acquistare o meno e la cosa più strana è che lo fa immediatamente. Capire il cliente è di fondamentale importanza. Se leggiamo i primi manuali di vendita troveremo capitoli che parlano dello stile del venditore, del suo comportamento e di come sia importante la cura del vestiario, della pulizia delle mani, della pettinatura dell'immagine stessa del venditore. In taluni casi l'uomo si giudica anche dalle scarpe. I manuali più recenti alzano il tiro, parlando di comunicazione non verbale: gestualità, sguardi, atteggiamenti, eccetera. Tutte queste cose sono vere e inutili al tempo stesso se non sono ricondotte alla sfera di attenzione che il venditore deve avere verso il cliente. Chi vende deve essere innanzitutto scevro da ogni opinione politica o religiosa. Non deve interferire con sfere delicate e intime, con allusioni sessuali o battute poco consone alla sensibilità del cliente e deve creare un clima rilassato e professionale. Deve capire le caratteristiche del cliente applicando una griglia interpretativa sulla tipologia delle persone: il tipo esuberante, quello riflessivo, l'elegante, il taciturno ecc. Per ogni persona va attuata una tecnica di approccio differente che abbia come obbiettivo quello di stimolare o calmierare in lui eccessi tali da indurlo poi a prendere la decisione. Infine va detto che per vendere veramente bene bisogna pensare come pensa il cliente. La persona che abbiamo davanti, sia esso un imprenditore oppure un dipendente che per professione è un buyer o un direttore commerciale, innanzitutto è una persona, e come tale ha pulsioni, voglie, difetti e piccole manie. Quello che importa di più è capire non solo cosa dire ma come dirlo. Bisognerà dunque avere spirito di adattabilità, saper attendere e saper in taluni casi anche accettare le verità altrui, cosa molto difficile in tempi in cui prevale l'individualità personale. Ciò non vuol dire che un venditore debba essere lo zerbino su cui il cliente si pulisce i piedi, tutt'altro, ma l'essere adattabili e conformanti alla volontà dell'acquirente aiuta molto la vendita. Purtroppo molti venditori commettono l'imperdonabile errore di dare sfoggio di se raccontando aneddoti inutili, esperienze che a loro parere possono generare nell'immaginario altrui ammirazione e sussiego. Non è così. Se il cliente tace ascoltandovi, probabilmente non vi sta ammirando ma giudicando. Ricordate che tutto ciò che dite in vendita è registrato nella mente di chi vi ascolta, e ogni parola che dite può essere usata contro di voi. Nel momento in cui voi siete di fronte al cliente dovete applicare tutte le tecniche di contatto verbale e non verbale che competono ad un venditore, dalla presentazione alla chiusura. Per una sola ragione: voi non siete lì per amicizia o perché non sapete dove andare, siete lì per vendere. Quello è il vostro lavoro. Dovete dare prova di professionalità sempre, che vendiate scope o missili balistici, la cosa non cambia. Quando raccontate al cliente vostri pensieri o peggio, delle fanfaronate in realtà non state facendo il vostro mestiere. Ricordo di aver letto che Walt Disney ha licenziato un dipendente in quanto lo ha sentito dire a voce alta imprecazioni verso Mickey Mouse. Sembra assurdo vero? Non è così: Topolino ha rappresentato il successo per un uomo che ha tentato più volte, e non sempre con fortuna, di emergere da una vita mediocre (e Dio solo sa se ci è riuscito!). Offendendo Topolino, l'impiegato ha offeso un percorso di vita, un ideale, un progetto e infine la ragione vera per la quale migliaia di persone lavorano alla Walt Disney: fare sognare le persone. Non so se la cosa sia vera oppure sia una leggenda metropolitana, ma mi piace pensare che un uomo creda così tanto in una sua idea nell'amarla e difenderla anche quando oggettivamente ha già raggiunto il successo imprenditoriale ed economico. Non so e non immagino nemmeno se tale impiegato abbia o meno detto tale frase in un ascensore affollato, ignorando chi lo ascoltava, ma mi piace pensare che il venditore deve temere di essere come questa persona che, incurante di chi gli sta attorno, spara giudizi affrettati e offensivi verso la propria azienda. Ed infine voglio credere che ogni nostra azione abbia delle conseguenze. Non sempre queste sono negative, ma bisogna accettarne il rischio, in fondo questo sta nel principio che ogni piccola nostra azione può cambiare ciò che ci sta attorno.

5.

Il Cambiamento

"La frase più pericolosa in assoluto è: Abbiamo sempre fatto così"
Grace Hopper (matematica e progettista di sistemi)

Il mondo in cui viviamo è cambiato più negli ultimi cinquant'anni che in milioni di storia evolutiva. Il progresso tecnologico cambia la moda, le esigenze dei clienti e di conseguenza cambia la vendita. Nella mente del consumatore nascono nuove e più articolate esigenze: egli non chiede solo un prodotto ma "il prodotto" che spesso viene individuato con un marchio. Questo si chiama posizionamento e consiste nel collocamento di un prodotto o di un servizio nella mente del potenziale cliente. Il posizionamento è determinato da molteplici fattori. Il concetto è semplice: il prodotto si associa nella mente del consumatore ad un marchio e per il venditore sarà molto più semplice vendere quel prodotto. Ciò è possibile con una buona campagna di marketing strategico che persegua tale obbiettivo. Proprio in tempi di crisi come quelli che stiamo vivendo è opportuno riconsiderare alcune questioni: il prodotto non sempre è una eccellenza, il marketing una strategia, il venditore una mezza calzetta. Se non si vende, molto spesso è perché non si spende nella pubblicità, nel posizionamento del prodotto, non si fanno cataloghi adeguati, non si investe nella ricerca e nella innovazione. Inutile o faticosissimo per un venditore prendere una rappresentanza di un prodotto sconosciuto al pubblico, dove non siano stati investiti soldi sul marketing strategico. L'esempio che riporto è di una azienda del nord Italia che aveva creato un nuovo tipo di energy drink concorrente diretto di Redbull. L'azienda aveva fatto alcune convention in cui la bevanda era stata gradita dal pubblico. Tuttavia per ragioni di budget non aveva fatto una adeguata campagna pubblicitaria che lanciasse i prodotto con l'intento di posizionarlo nella mente del potenziale cliente. Il prodotto per qualità e pakaging era simile al suo diretto e più famoso concorrente. Ma il lancio del prodotto non riuscì e l'ingente investimento fatto per la produzione della bibita si rivelò essere un buco nell'acqua. Questo perché? Provate a mettervi nei panni di un venditore. Avete un prodotto che nessuno conosce, qual è quell'esercente che investirà sul prodotto che la vostra stessa azienda non ha nemmeno propagandato e pubblicizzato efficacemente? Il cliente solitamente non chiede un energy drink chiede una Redbull: perché l'esercente dovrebbe negare il prodotto per proporre un surrogato? Non c'è una risposta plausibile e dunque l'esercente se farà questa scelta sarà certamente poco avveduto e rischierà di perdere i suoi avventori. Le aziende in periodo di crisi tendono a ridurre drasticamente le provvigioni e spesso vi troverete a dover "scegliere" se accettare una rappresentanza di un prodotto abbastanza sconosciuto con margini di vendita risibili. Questo sarà l'inizio della fine. Se un prodotto è sconosciuto, accettate pure la rappresentanza ma chiedete un giusto compenso che premi le minori vendite che riuscirete a fare. Mettete dunque sulla bilancia fatica e vendita. Philip Kotler (professore emerito considerato la 6° persona più influente al mondo sullo studio delle politiche di mercato) nel suo ultimo libro "Chaotics: the Business of Managing and Marketing in the turbolence" parla proprio del marketing nell'area di quello che egli definisce turbolenza. La sua tesi è che il marketing finora ha fatto breccia nella mente del consumatore, ad esempio prima dicevamo: "il detersivo deterge meglio di qualunque altro e questa affermazione fa breccia nella nostra mente". Poi è arrivato il collegamento tra testa e cuore: "il detersivo della nonna che non strappa la camicia quando lava". Ora dobbiamo parlare allo spirito: il detersivo diverrà biodegradabile, non nocivo per l'ambiente e la salute, insomma, verde. In tempi di crisi il marketing si evolve e passa dalla mante al cuore allo spirito. Questa è una straordinaria intuizione che sia il management che il venditore deve capire e fare propria sia nel processo di produzione del prodotto che in quello di vendita. E credetemi, funziona! Un imprenditore di Treviso mi ha raccontato una storia curiosa che vale la pena di citare. Il prodotto era una semplice scatolina di plastica autoestinguente che veniva proposta ai fumatori da spiaggia con lo scopo di essere usata per riporre i mozziconi. I tentativi di venderlo presso i tabaccai era fallito miseramente. L'imprenditore, dopo aver passato delle notti insonni tormentate dalla infelice immagine di un flop totale, ebbe allora la geniale idea di scindere il prodotto dal settore del tabagismo trasferendo il messaggio pubblicitario nel doppiosenso a sfondo sensuale che bene si sposava all'immagine della spiaggia adriatica. Iniziò a vendere il prodotto direttamente in spiaggia, non con rappresentanti ma con delle hostess avvenenti che, simpaticamente proponevano ai fumatori di "farlo in spiaggia" usando la scatoletta colorata per non inquinare. Il successo fu enorme, tutti i fumatori si vedevano quasi obbligati a comportarsi in modo più "corretto" evitando di gettare i mozziconi nell'arenile e riponendo gli stessi in quella scatoletta che vendevano le belle ragazze, conquistando così una nuova coscienza ecologica mossa evidentemente da una ricerca di bellezza interiore alla quale erano stati spinti da una evidente bellezza femminile. Se non si vende non è sempre colpa del venditore, anzi questi deve entrare a far parte del processo di marketing, vivere intensamente le dinamiche di mercato, restituire feedback alla azienda ma deve anche pretendere che la direzione ascolti tali indicazioni e ponga in essere le misure di strategia commerciale che rendono possibile il successo del prodotto in periodi di forte recessione. Non esiste prodotto che si venda in eterno, non esiste novità che non possa diventare un successo. I direttori commerciali non solo dovrebbero scegliere le giuste strategie di vendita (e le persone più adatte) ma dovrebbero "ascoltare" il comportamento delle vendite nel mercato, provando se è il caso, loro stessi a vendere il prodotto così da rendersi conto delle difficoltà incontrate dalla forza vendita. Il cambiamento deve essere un processo corale, vissuto dall'impresa in tutte le sue compagini. Esso non riguarda solo la forza vendita ma il marketing, la produzione, la ricerca e lo sviluppo. Solo così il venditore può incidere veramente nella vendita.

6.
Gli Errori

(o le cause della mancata vendita)

"La superbia è un desiderio disordinato della propria eccellenza"
San Tommaso d'Aquino

Benché l'autostima sia necessaria quando si fa questa professione in quanto senza fiducia in se stessi non si possono ottenere risultati apprezzabili, tuttavia il difetto più grave per un venditore è essere superbo, in quanto tale difetto ne genera molti altri: con il disprezzo per gli altri non si può ottenere nulla di buono né dalla trattativa di vendita né in ogni altro rapporto umano. Molto spesso il venditore commette questo errore, perché è come guidare una macchina sempre al limite della velocità massima consentita, qualche volta ci scappa una infrazione. Il venditore, a volte, commette questo errore per troppa sicurezza di se. Questo si verifica frequentemente nel momento di chiusura della trattativa, il momento in cui il venditore si sente vittorioso. In quel preciso momento egli inizia a deconcentrarsi e a raccontare aneddoti con lo scopo di autocelebrarsi quasi a cercare, al posto di una firma sul contratto, un applauso. A volte può capitare che il cliente riconsideri alcuni aspetti dell'accordo che sta per sottoscrivere e quasi istintivamente posi la penna sulla tavola. In quel preciso momento state pur certi di aver perso la vendita.

"Chi si mette subito a controbattere finisce per non ascoltare e non essere ascoltato, e interrompendo il discorso di un altro rimedia una brutta figura".
Aristarco di Samotracia

Il Secondo grave difetto è quello di non ascoltare il cliente. Il cliente va ascoltato, interrogato, studiato, capito. Potrei riassumere testi di "ascolto attivo" ma, tenendo fede alle premesse, preferisco esporre due semplici considerazioni basate sull'esperienza di trattative condotte personalmente. Spesso il venditore indottrinato da scuole e corsi di vendita, tende a percorrere una trattativa standardizzata. Un disco che egli recita di fronte al cliente. In questo si cela un errore fondamentale: non tutti i clienti sono uguali. Come succede per i gusti musicali, ad alcuni piace la musica classica, ad altri il jazz o il rock. Come facciamo a sapere che disco mettere? Ce lo dirà il cliente stesso! Solo ascoltandolo attentamente capiremo quale prodotto sta cercando, quanto intende pagare per un servizio, dove ha visto ciò che vuole e perché desidera proprio quello e non l'altro. Proporre il proprio prodotto diverrà così molto semplice, se lo abbiamo. Altrimenti potremo proporre una alternativa. In ogni caso daremo risposta al nostro cliente e potremo sperare in un riposizionamento della sua propensione all'acquisto verso i nostri prodotti. Ma soprattutto avremo capito con chi abbiamo a che fare.

"It is only shallow people who do not judge by appearances. The true mystery of the world is the visible, not the invisible" (Solo le persone superficiali non giudicano dalle apparenze. Il vero mistero del mondo è il visibile, non l'invisibile).
Oscar Wilde

Quando il cliente eleva delle obiezioni non sempre queste sono pertinenti, a volte sono solo scuse per sottrarsi al contatto oppure delle denunce di insofferenza che si manifestano tanto più frequentemente quanto più la nostra trattativa sta scadendo. Allora dovremo concentrarci, come dice Oscar Wilde, sul visibile e non sulle nostre elucubrazioni commerciali. Tanto quel contratto che abbiamo nella borsa, lui non lo firmerà mai. In un concessionario un venditore mi raccontò di una sua esperienza. Egli era un venditore di furgoni Fiat recatosi da un cliente che aveva sempre comprato Renault. L'anticamera è durata un'ora ma in quel frattempo l'arguto venditore non ha sprecato il suo tempo ed ha esaminato con cura l'ambiente e i modellini esposti nella sala d'aspetto. Con il cliente ha parlato di questi: della sua passione di bambino per i modellini. Il cliente ha trovato in lui un compagno di giochi. Sono andati a mangiare assieme e solo prima di congedarsi si è parlato di lavoro. La fine la potete immaginare, il venditore è riuscito a far cambiare idea al cliente che ha acquistato i furgoni Fiat invece che Renault. Ripensando a quella storia sorrido pensando che quando le statistiche delle vendite arrivano nelle sedi direttive delle case automobilistiche, ci sono fior fior di manager che elaborano modelli e strategie di marketing, quando poi alla fine quello che fa veramente la differenza è un umile venditore che amava i modellini.

"Ogni volta non riesco a credere ai miei occhi. È possibile che tutta quella bellezza nasca dal niente?"
Lev Tolstoj

Una grave mancanza per un venditore è quella di non saper comunicare efficacemente. Le grandi aziende cercano Managers laureati in filosofia, non in ingegneria. Forse non tutti sanno che la retorica (l'arte di convincere con le parole) è un ramo della filosofia. Approfondiamo dunque tali aspetti: un tempo il saper parlare bene in pubblico era chiamata oratoria, ora si chiama comunicazione. In fin dei conti il senso non cambia. Perché è così difficile convincere gli altri e cosa si deve fare per essere convincenti? Quali sono le caratteristiche del bravo comunicatore?

Non è importante solo cosa si dice ma anche come lo si dice.

Un buon comunicatore affina le sue capacità mentali per ricordare i punti principali del discorso. Egli è sempre concentrato sul significato e sulla significatività di ciascuna parte della sua esposizione.

Ci vuole, in primis, la Flessibilità. Dovete essere perfettamente in grado di cambiare sia l'ordine dei concetti sia le preposizioni che li descrivono.

Gestite il tempo! Non annoiate chi vi ascolta. Cercate la bellezza nei concetti e non l'aspetto meramente tecnico, le persone ameranno sentirvi parlare e saprete far sognare. A volte, per fare ciò dovrete comprimere e diluite i concetti (senza ometterli) e il tempo del discorso in base a chi vi ascolta. Infine esprimetevi per immagini: la nostra mente evoca di continuo delle raffigurazioni. Descrivete uomini e luoghi, situazioni ed emozioni. Rincorrete la bellezza, questa è l'unica cosa che noi tutti disprezziamo a parole ma poi siamo disposti a tutto per averla.

"La gatta frettolosa fa i gattini ciechi"
Proverbio

Un grave errore è anche essere frettolosi. Se nella trattativa di vendita avete fretta di concludere, cambiate mestiere. Risparmierete tempo e soldi. La trattativa, la vendita, il commercio, i rapporti interpersonali, sono passione e questa richiede tempo. Vendere è sedurre. Capirete bene che non si può sedurre una persona con il cronometro in mano. Il nostro cliente avverte come noi lo scorrere del tempo, ma maggiormente avverte la vostra fretta, la vostra poca sensibilità, e fugge. La fretta è una delle peggiori consigliere, non ci permette di riflettere sulle parole e fa precipitare ogni nostra azione. Nella fase di chiusura ad esempio: esiste un momento in cui il cliente è "pronto" per la firma. Sbagliare i tempi significa allertare o spazientire il cliente e perdere quel poco di fiducia che avevamo accumulato nella trattativa. Non abbiate fretta, mentre parlate osservate le reazioni del vostro interlocutore e cercate di capire come lui percepisce la vostra proposta. Solo in questa fase la PNL ha una qualche utilità Se il cliente incrocia le braccia o si allontana dalla scrivania o sposta lo sguardo i segnali sono negativi. A questo punto bisogna chiedere cosa ne pensa della nostra proposta e spingerlo a scoprirsi. Il tutto deve essere fatto con calma e determinazione.

"Se hai paura di perdere, non oserai vincere"
Bjorn Borg

Se di paura bisogna parlare io mi riferisco alla paura di vincere. Quando un venditore fa tutto quello che deve, secondo l'ordine costituito dall'impegno quotidiano e codificato nella regola, allora quella persona non deve aver paura di sentirsi dire un no. Il no ci sta. È insito nel senso della vita stessa che alcune cose vadano altre no. In questo non c'è fallimento, vergogna, colpa. Vincere porta con se stress, impegni futuri, responsabilità, insomma, un cambiamento. A tutti noi spaventa cambiare, scegliere, decidere. Il pauroso ha sempre un suo giorno preferito per prendere una decisione: Domani. Nel caso in cui il venditore ha di fronte il suo cliente, dopo aver fatto tutto per bene, deve comunicare la cosa più determinante per il successo della trattativa: il costo. Possono sorgere, nella mente del venditore, dei dubbi del tipo: e se fosse eccessivo? E se lui volesse qualcosa di meno? Posso proporgli un prodotto più economico? E via dicendo. Tutti questi dubbi sono solo il sintomo di una paura latente che vi impedisce di giungere al punto. Spesso per questa "paura di vincere" si finisce con il perdere.

"Non c'è supermarket dove si compra la grinta: o ce l'hai, o non ce l'hai. Puoi avere il tecnico migliore, lo stipendio più alto e tutti gli stimoli di questo mondo, ma quando sei al limite della fatica sono solo le tue doti ad aiutarti"
Marco Pantani

Il venditore di classe non lo si vede il "mese buono", quando i contratti fioccano e la soddisfazione è al massimo. Il professionista lo si vede nei mesi bui, quando naviga al buio, guidato dalla sua esperienza e dalla tenacia che qualifica le persone più capaci. La grinta è ciò che vi farà andare avanti quel metro in più, che vi spingerà oltre e che vi farà essere diversi dagli altri. E i clienti questo lo vedono, lo capiscono e vi stimano, magari non comprano, ma vi stimano e quando sarà il momento si ricorderanno di voi. Ma soprattutto, la vendita è fatta di resistenza e tenacia. Vi voglio riportare una storia che ha del commovente, non parla di vendita ma di uno sport durissimo: il ciclismo. L'abruzzese Vito Taccone era un ciclista di piccola statura, molto forte e soprattutto molto determinato. Al suo esordio, avvenuto negli anni 60' al Giro d'Italia al compimento dei 21 anni, partì con il proposito di guadagnare soldi per la famiglia, afflitta da una grande povertà. Una mattina, alla partenza di una delle prime tappe al Sud, Taccone apprese da un comunicato dell'organizzazione che sulla piazza di un certo paese era stato posto dalla comunità locale un traguardo a premio di 500.000 lire. Da quel momento non pensò ad altro e sulla salita che portava al famoso paese sgomitò da par suo con autentici campioni della montagna, tra i quali il tedesco Hans Junkermann che godeva di un grande rispetto per le sue qualità di eccellente scalatore. Vinse Taccone, che appena passato il traguardo restò per qualche istante senza respiro, ma intascò la bella cifra. La sera, dal telefono dell'albergo, i compagni lo sentirono gridare alla mamma una frase che poi rimbalzò sui giornali e gli fece conquistare il cuore della gente: le disse che per quella cambiale in scadenza due giorni dopo, non doveva più preoccuparsi, era già pagata. Anche nel lavoro di venditore esistono sfide del genere che impongono resistenza e forza interiore e a volte per riuscire ci vuole una grinta come quella di Taccone.

"Non c'è di peggio del disordine quando si hanno capacità esigue"
Franz Kafka

Essere disordinati è il più comune dei difetti. Il venditore disordinato per quanto talento egli abbia non sarà mai un vero venditore in quanto non lascia tracce ripercorribili del suo passato. Il contatto con il cliente ha un costo elevato e quindi le notizie che si hanno di quel cliente sono preziose. Dopo ogni telefonata, mail ma soprattutto dopo ogni incontro va redatta una semplice relazione (che può essere anche due righe) che ci permetta poi, a distanza di tempo, di ricordare il cliente e la nostra offerta. Ammettiamo che un venditore faccia 10 visite a settimana ai suoi clienti. Se è un modesto venditore chiude 1 contratto a settimana. La sua redemption è del 10%. Ma se egli è metodico, come tale archivia ben 9 contatti la settimana. Cioè 36 al mese che per dieci mesi fanno 360. Richiamando quei contatti che non hanno acquistato è possibile che alcuni clienti ci ripensino e accettino il servizio. Egli così può chiudere un ulteriore 10% di contratti. Questa è tenacia e matematica applicata alla vendita.

Sinonimo di pregiudicare: compromettere, rovinare
English Dictionary Collins

Un errore molto grave è pregiudicare il cliente. Il venditore non può sapere mai se il suo cliente è "buono" o "cattivo". L'affermazione è sostenuta scientificamente dalla legge di Pareto, un economista che ha scoperto un principio che tutti conosciamo ma che a volte ignoriamo: l'80% degli effetti generati in qualunque sistema è causato dal 20% di variabili in esso presente.

Alcuni esempi della regola di Pareto sono conosciuti a tutti: l'80% della ricchezza mondiale è detenuta dal 20% della popolazione, l'80% dei reclami proviene dal 20% dei clienti, il 20% dei venditori stipula l'80% dei contratti. Si potrebbe continuare, ma a noi interessano alcune applicazioni: quando andiamo da un cliente, possiamo sapere prima di conoscerlo se lui comprerà o no? Secondo la regola di Pareto non è possibile, vediamo il perché: la regola ci informa che il 20% delle nostre vendite è generato dall'80% dal nostro parco clienti. Ma ci dice anche che per fare 20 clienti dobbiamo incontrarne 100 e "sprecare" l'80% delle nostre energie. Dunque noi non sapremo mai se il cliente con il quale stiamo sgolandoci sarà quello che rifiuterà la nostra proposta né sappiamo se quello dal quale siamo arrivati in ritardo il venerdì sera, sarà quello che premierà i nostri sforzi. Ciò vuole dire che dovremo riporre in ogni cliente la stessa professionalità e lo stesso impegno sempre, non "dosando" le energie, basandoci sulle valutazioni che spesso si rivelano errate.

"L'eleganza non è farsi notare ma farsi ricordare"
Giorgio Armani

Ultimo difetto è apparire fuori luogo. I clienti ci osservano. Sempre. Dal primo secondo che ci vedono. Essere curati nell'aspetto, gradevoli nei modi e dotati di senso dello humor aumenterà notevolmente le chances di successo nel nostro lavoro. Evitare gli eccessi dovrebbe essere la parola d'ordine che si deve tenere a mente nei periodi di crisi. Arrivare dal cliente con una macchina costosa può far pensare "guarda dove vanno tutti i soldi che pago!", oppure sfoggiare accessori molto ricchi come orologi di marca può far pensare "ma come fa questo a permettersi tali lussi?". In tempi di crisi evitate gli eccessi. Un Low profile vi garantirà porte aperte in ogni azienda e piena disponibilità da parte di titolari e direttori commerciali. I tempi cambiano e così le mode. Negli anni del boom economico era impensabile non mettere la cravatta, oggi non è più necessario. I grandi CEO si fanno vedere in maglioncino e jeans; senza arrivare a quelle libertà che pochi si possono permettere in un ambiente professionale, si può comunque lavorare in camicia aperta e giacca curando sempre la sobrietà e la discreta eleganza che conferisce sempre una sensazione di piacevolezza.

7.
L'Obiezione

Se digitate su internet il termine "obiezione" il motore di ricerca troverà una serie di siti che parlano esclusivamente della vendita, come se l'obiezione di per se fosse una caratteristica unica del processo di vendita. Ma non è così. Tutti sappiamo, per esperienza personale, che le obiezioni fanno parte del nostro rapporto dialettico con gli altri. Le obiezioni, come le affermazioni riguardano ogni campo del vissuto ed esistono quotidianamente tra marito e moglie, padri e figli, colleghi di lavoro, compagni di squadra, e così via. Allora perché le obiezioni hanno tanta importanza nel processo di vendita? Semplicemente perché una obiezione risolta con una brillante risposta è più efficace di un'ora di presentazioni. La gestione delle obiezioni è il metodo preferito di molti abili venditori. Per loro la vendita inizia nel momento del no. Se presenti un prodotto senza alcuna obiezione, non hai fatto una vendita, ma solo una bella presentazione. I venditori professionisti sanno invece che la realtà è diversa e che la normale resistenza che tutti abbiamo a comprare qualcosa dà origine spesso ad obiezioni. Il cliente domanda perché è curioso ma anche dubbioso. Egli vuole sapere chi siete, dove è la vostra azienda, come spenderà i suoi soldi. Insomma, vuole certezze. Egli sa bene che la sicurezza non esiste ma, probabilmente, con continue domande e obiezioni il varco sulla vostra immagine si aprirà e lui riuscirà a capire cosa non avete detto, o peggio, cosa avete affermato senza essere vero. Non che mentire sia un peccato! Tutt'altro. A volte una saggia bugia è meglio di una disarmante e impietosa verità, tuttavia la bugia è caratterizzata sempre dalla incoerenza per la sua stessa natura di non essere vera. Quando il cliente intuirà per esperienza tale situazione subentrerà in lui l'istinto di autodifesa. Cadrà la fiducia che lui sta ponendo in voi.

La vendita è fallita. Non importa che prodotto stiate vendendo, lui non lo acquisterà mai da voi. Identificare e trattare in modo professionale le obiezioni, abbattendo così il rischio percepito dal cliente, sono le abilità sulle quali ogni buon venditore non dovrebbe mai smettere di imparare e di migliorare. Esistono tre tipologie di obiezioni: le obiezioni emotive traggono origine da una molteplicità di cause: per sottrarsi alla trattativa, per abitudine, per darsi importanza, per resistere ai cambiamenti, per manifestare indifferenza, ostilità, timore. Le obiezioni razionali positive quando il cliente non riconosce il valore o i benefici dei prodotto o servizi offerti. Le Obiezioni razionali negative si manifestano quando il cliente non vuole spendere, oppure il cliente pur sentendo il bisogno lo soddisfa con un altro prodotto o un servizio concorrente. Sono varie le cause per cui questo succede: per precedente esperienza negativa, per accordi con concorrenti, per ordini superiori. È chiaro allora che il cliente vuole terminare il colloquio con voi. Premesso che non esistono formule magiche per convincere qualcuno a fare quello che non vuole, va detto che il venditore deve osservare delle regole canoniche sulle risposte alle obiezioni. Sarà opportuno allora rispettare tre semplici regole: rispondere dettagliatamente e non superficialmente, rispondere a tutte le obiezioni anche quelle più banali, non cercare di indovinare. La prima è ovvia, bisogna capire cosa c'è dietro l'obiezione e dettagliando la risposta noi riusciremo a capire se e come il cliente è soddisfatto della nostra risposta. La seconda ha lo scopo di non far sentire il cliente un idiota e dunque non attirarsi antipatie inutili. La terza è di non fare noi la figura degli idioti, cosa molto più frequente di quanto si pensi. Alla fine, quello che conta è di aver dato l'impressione di essere ferrati e competenti nel proprio lavoro. Rackman (l'ideatore del metodo di vendita S.P.I.N.) ritiene, a ragione, che le imprese e dunque i venditori dovrebbero iniziare a non vendere prodotti o servizi, ma capacità. Il cliente deve ricordarsi di voi, specialmente se non avete venduto. Questo servirà a due cose, la prima è per aumentare la vostra autostima, la seconda è per accaparrarvi la possibilità di un rientro. Perché il cliente si ricordi di voi dovrete insistere sul tasto del bisogno, cercando di enfatizzare le problematiche del cliente e fare aumentare in lui quello stato di bisogno tale da spingerlo a prendere la decisione finale di acquistare il vostro prodotto. Se non sarete incisivi non verrete ricordati e questo cancellerà tutto il vostro lavoro.

8.
La Vendita

"Alice rise — è inutile che ci provi, non si può credere a una cosa impossibile. Oserei dire che non ti sei allenata molto, ribatté la Regina. Quando ero giovane, mi esercitavo sempre mezz'ora al giorno. A volte riuscivo a credere anche a sei cose impossibili prima di colazione."

Lewis Carroll

Bene! Se siete arrivati fin qui è perché siete pronti ad entrare in azione. Nei paragrafi scorsi abbiamo analizzato le caratteristiche del venditore, il marketing e le sovrastrutture che presiedono alla operazione di vendita. La fase che ci apprestiamo a descrivere è la più difficile: ora dobbiamo tirare la palla in porta.

Ci sono tecniche codificate di vendita, che potete tranquillamente andare a ricercare su vecchi libri impolverati. Acronimi quali l'A.I.D.A o lo S.P.I.N. stanno a significare atteggiamenti che il venditore deve o dovrebbe tenere di fronte al cliente. Non avrei certamente scritto questi appunti se non ritenessi tali metodi superati dai tempi e dalla crisi!

Tuttavia ha poco senso parlare di metodi universali: la vendita è sempre stata e sarà sempre un percorso a senso unico. L'errore più comune non è quello di non curare bene alcune di queste fasi e tornare sui propri passi. Questo lo potete riscontrare dalla vostra esperienza personale: avete mai assistito ad una persona che vuole ostinatamente raccontare una barzelletta e che si interrompe nella narrazione specificando premesse che si era dimenticato negli antefatti? Egli genera noia se non anche imbarazzo facendo mancare alla barzelletta il motto di spirito che segue ad un racconto liscio, logico e scontato. Ogni interruzione rovina tale gusto e rende l'ascolto odioso come un accordo stonato. Cominciamo con il dire che si vende dal momento in cui si entra in contatto con il cliente. La vendita si finalizza con la firma ma è un processo (a volte lento e\o in più fasi) continuo e progressivo. Capirete anche voi che non si può andare da un cliente e dire: "Buongiorno, questo prodotto assicurativo è perfetto per lei, costa 500 euro all'anno, come intende pagare? Firmi qui". Nessun cliente al mondo, nemmeno il più sprovveduto può accettare una proposta così formulata. Bisogna andare per gradi: in tale percorso possiamo immaginare dei luoghi virtuali a cui daremo la forma di stanze: aree che delimitano e racchiudono l'ambito all'interno del quale voi e il vostro cliente vi trovate. Il dinamismo della percorrenza è dettato unicamente dalla vostra progressione.

1° stanza
La presentazione

La prima fase è esplorativa: Di fronte a noi c'è una porta chiusa: in mano abbiamo un grosso mazzo di chiavi. Dobbiamo trovare la chiave giusta per aprire quella porta e passare oltre. Iniziamo con la presentazione di noi, della nostra azienda, del prodotto. Il tutto deve dare l'impressione al cliente che voi siate professionali. Badate bene, ho detto: deve dare l'impressione, il che non vuol dire che voi non lo siate ma quello che importa è che il vostro cliente lo percepisca.

Questo lo otterrete con 3 esse: simpatia, sicurezza, sintesi. Regola prima: non annoiare. Presentazioni prolisse, scontate del tipo "la nostra società è leader mondiale nella ricerca del personale e ci occupiamo di bla... bla..." hanno solo uno scopo: tediare il cliente, annoiarlo e dunque irritarlo.

Il cliente in quel momento deciderà di mandarvi a casa al più presto e cercherà scuse per non lasciarvi parlare, sapere subito "cosa costa" e aprire il suo libretto delle scuse per non accettare qualsiasi vostra proposta. Molto attenti dunque alle espressioni di chi avete davanti, ai suoi atteggiamenti corporali, al suo sguardo.

Quella dei movimenti oculari come indicatori di specifici processi cognitivi è una delle più note scoperte della PNL, seppur controversa, e potenzialmente una delle più preziose. Secondo la PNL i movimenti oculari inconsci, o "segnali oculari d'accesso", spesso accompagnano particolari processi cognitivi, sono fondamentali nel nostro modo di relazionarci.

2° stanza
Elevazione del desiderio

Siamo entrati nella seconda stanza. Essa è rotonda e attorno a noi possiamo vedere tre porte. La prima è grande, a vetri e spalancata, la seconda è in legno, elegante e socchiusa, la terza è piccola e ha già la chiave sulla toppa. Che via scegliere?

Ricordate che il cliente ha in mente qualcosa che desidera. Il venditore professionista riesce a trovare quell'oggetto ed elevare il desiderio di chi lo ascolta non solo decantando i pregi del suo prodotto o servizio ma nel descrivere quello stato in cui si troverà il cliente dopo aver preso possesso della cosa. In questa fase noi stiamo sviluppando o elevando nel nostro interlocutore una astrazione: Il termine astrazione indica il procedimento mentale attraverso il quale si sostituisce un insieme di oggetti con un concetto. Ad esempio, la Harley Davidson è libertà, la Porsche è ricchezza, l'Iphone è eleganza.

Dunque quello che usate è la rappresentazione di un luogo mentale dove il vostro cliente vorrebbe trovarsi. Non fate nulla per lenire lo stato di disagio in cui egli si trova per contrasto! Anzi, lasciate che questa sensazione lo pervada lentamente per trovare il momento giusto di proporre la soluzione.

L'errore sarebbe stato quello di decidere voi la porta che vi piace. Invece sarà il vostro cliente ad indicarvela e interrompendovi vi chiederà: quanto costa tutto ciò? È quella la porta giusta. Il vostro cliente sta accettando la vostra proposta. Avete fatto un ottimo lavoro! Passate oltre.

3° stanza
La Trattativa

La terza stanza è piccola e stretta la porta è lì davanti a voi un guardiano è seduto a fianco, sembra che dorma. Dovrete passare oltre senza svegliarlo.

Non esiste trattativa se chi ci sta di fronte non conosce il costo del nostro prodotto o servizio. L'errore più frequente deriva proprio dalla paura di comunicare al nostro cliente il prezzo. Allora ci prende la tentazione di tornare indietro su concetti già capiti e digeriti dove possiamo crogiolarci sui nostri parziali successi.

Invece è ora il momento di proporre al nostro cliente il prezzo del prodotto o del servizio che offriamo; con naturalezza senza stupirci noi stessi della proposta che stiamo per fare. Spieghiamo allora gli aspetti e le ragioni del prezzo, stando sempre attenti al linguaggio non verbale. Cerchiamo di capire se il prezzo è accettato oppure lo ritiene troppo alto, insomma cerchiamo di capire la sua propensione all'acquisto. Attenti sempre a che la proposta non sia un monologo! Ascoltate le opinioni di chi vi sta di fronte. Non vi stancate di chiedere "cosa ne pensa della nostra proposta? Come reputa la questione? Ecc" lasciate che sia lui stesso ad esprimerci i suoi dubbi. Fate luce su questi punti e non lasciate dietro voi alcuna ombra. Questo si raggiunge rispondendo alle obiezioni e giustificando una maggiore convinzione che deriva dalla risoluzione di un dubbio (abbiamo già trattato le obiezioni). Il contratto è sul tavolo, lo state compilando, il cliente vi guarda e tace. Aspetta che voi scriviate la formula magica.

4° stanza
Chiusura

La quarta stanza è un corridoio che dà su un giardino. Alla fine un cancello vi sbarra l'uscita. Vi accompagna il guardiano, ha lui le chiavi e dovrà aprirvi la porta di sua spontanea volontà. Nella fase della chiusura, tutto quello che avete fatto, detto, pensato prima, non conta più nulla. Ora dovete solo concretizzare. In questo momento ogni parola che dite può essere usata contro di voi. La tensione e l'equilibrio si avvertono nell'aria. Il vostro cliente sta ancora valutando gli aspetti dell'acquisto ma tale stato di confusione non durerà in eterno. Basterà solo una parola sbagliata, un termine usato impropriamente, una frase o un'occhiata sospetta per far tornare in lui tutta quella diffidenza che aveva verso di voi all'inizio. Lui dal canto suo avverte la stessa tensione ma è costretto ad andare avanti per un meccanismo psicologico che è la coerenza (conformità tra le proprie convinzioni e l'agire pratico). A questo punto spesso sorgono dei dubbi: ma è veramente sicuro che il prodotto sia buono? Che il servizio funzioni? Ecc Queste obiezioni non avranno mai fine se noi stessi non sappiamo porre un freno a tali domande. Dovremo allora distrarci dal contratto: ristabilire un contatto con il cliente al fine di convincerlo della bontà della scelta fatta che come conseguenza accetterà anche quello che voi asserite sottoscrivendo il suo impegno con voi. Tuttavia la chiusura può riservare altre spiacevoli ostacoli. Il prezzo che è stato mal valutato e ora, concretizzandosi in cifre nero su bianco assume una proporzione maggiore di quella che è la possibilità reale d'acquisto. Anche in quel caso dovrete essere rapidi e incisivi. Buttare a mare il carico che la barca non può sopportare e portare in porto quello che resta, il rischio è di perdere tutto. È questo il momento di fare uno sconto con l'obbiettivo di chiudere la trattativa. Quel che conta è far firmare il contratto. È' il momento di chiudere e farsi aprire quel maledetto cancello. La vostra decisione e risolutezza devono riuscire in quello in cui la parola non è stata capace. Sun Tzu era un generale cinese che ha scritto uno dei più bei libri di tattiche militari che si usa tutt'ora in tutti gli eserciti del mondo: "Quando muovi, sii rapido come il vento, maestoso come la foresta, avido come il fuoco, incrollabile come la montagna".

9.
La Trattativa

Non esiste una trattativa grande o piccola, e nemmeno una più o meno importante. Tutto dipende dal punto di vista dal quale noi consideriamo la cosa. Che si tratti di un mercatino di bambini al doposcuola oppure di un tavolo rotondo alle Nazioni Unite, quello che caratterizza la trattativa è sempre il fattore umano. In questa sede cercheremo di focalizzare alcuni punti essenziali della trattativa sottolineandone gli aspetti che mettono in luce le caratteristiche del negoziatore tenendo sempre presente che lo stress è il fattore di rottura. Molti concetti che esporremo sono già stati oggetto della nostra attenzione, ricapitoliamo alcuni passi: <u>Primo: partire alti è la più basilare delle tattiche negoziali.</u> Chiedere di più di quello che ci si aspetta di ottenere consente di raggiungere due obiettivi: si valorizza quello che si offre e si riduce la probabilità di raggiungimento del punto di rottura lasciandosi un ampio margine di trattativa. Chi pensasse che la cosa sia facile dovrebbe ricredersi subito. Non è assolutamente semplice partire con un prezzo alto, bisogna che questo sia motivato, oggettivato, giustificato. Tutte operazioni queste, che elevano l'asticella di molto prima che il saltatore spicchi il salto. Partire alti è molto complicato ma consente di poter scendere, mentre partire bassi (per paura di un rifiuto) non consente di aumentare il prezzo durante la trattativa. Attenzione però, partire troppo alti può voler dire perdere interesse da parte del cliente che a seguito del prezzo troppo alto non intende procedere all'acquisto. <u>Secondo: Non accettare mai alla prima offerta ricevuta.</u> Anche se fosse la più vantaggiosa. Un'accettazione pronta ed entusiasta dell'offerta ricevuta crea nella controparte una pericolosa sensazione: "Avrei potuto chiedere di più: mi ha messo in trappola!". Questa sensazione può rovinare il rapporto con la controparte e l'esito di future negoziazioni. In altre parole non si dovrebbe mai negare alla controparte uno dei tornaconti "emotivi" più importanti: la sensazione di essere stata la più furba e la più in gamba nel negoziare. <u>Terzo: spieghiamo le cose!</u> Non diamo per scontato che le persone sappiano quello che noi abbiamo in mente. Il costo del prodotto\servizio rappresenta spesso uno spauracchio per i venditori inesperti. La sfida sta tutta nel riuscire a giustificare quella spesa. Il cliente è alla ricerca delle ragioni che lo possano convincere della legittimità di ciò che gli viene richiesto.

In negoziazione si tratta quindi di puntellare ogni propria richiesta con un numero opportuno di argomentazioni, possibilmente dettagliate dunque comprensibili e perciò logiche. L'obiettivo di una buona argomentazione è quello di portare la controparte a vedere le questioni negoziali dal proprio punto di vista aiutandola ad uscire dalla chiusura personale. <u>Quarto: non siate rigidi sulle vostre posizioni.</u> La concessione è uno strumento prezioso per rafforzare la relazione con la controparte e per tenere vivo il suo interesse e il coinvolgimento nella trattativa. Ed è per questi motivi che non deve venire inflazionata. Uno degli errori più comuni è quello di concedere prima di aver capito esattamente cosa la controparte vuole. È tipico dei venditori inesperti sperare di superare le titubanze dell'acquirente agendo sulla riduzione del prezzo. Spesso si produce un effetto boomerang: il facile sconto conferma i dubbi circa la scarsa qualità dell'offerta. Solitamente le trattative prolungate possono essere semplificate abbassando il prezzo oppure aumentando il valore della fornitura. Spesso si commette l'errore di promettere qualcosa in più che poi deve essere mantenuto. Commettere questo errore è molto facile ma può rendere la vita molto difficile. Il vostro cliente registra tutto quello che viene detto in sede di vendita e che non può poi più essere ritrattato. Il contratto può diventare un vero boomerang! <u>Quinto: temporeggiate, anche quando questo richiede fatica.</u> Temporeggiare è una tattica trasversale per negoziatori raffinati. Si tratta di prendere tempo attraverso le richieste di rinvii, di pause di riflessione o di raccolta di ulteriori informazioni. Sconsiglio di usare questa tattica se non siete completamente a vostro agio nell'ambiente e con il cliente ma soprattutto se non avete ancora un percorso ben definito per raggiungere il risultato. L'obiettivo è quello di spingere l'altro a sentire "l'ansia di concludere". <u>Sesto: resistere.</u> La caratteristica più importante per un venditore è la resistenza: è la capacità di tenere il punto senza risultare testardi o insensibili. Più a lungo si riesce a tenere la controparte coinvolta in una trattativa, più essa tende a divenire disponibile e comprensiva. Più tempo si è investito nella negoziazione, più si è disponibili a fare concessioni in quanto appare più alto il costo del mancato accordo. Mutuando il principio di Pareto l'80% delle concessioni in trattativa si ottengono nell'ultimo 20% della trattativa. In effetti, la flessibilità e la disponibilità ad aperture che si osservano nelle ultime fasi del negoziato in genere sono impensabili nei momenti d'apertura. L'obiettivo è quindi quello di raggiungere il "punto di rottura" conosciuto nella tecnica principe di stress fisico e psicologico:

la tortura. In questa fase è importantissimo l'equilibrio fisico e psicologico del negoziatore. Il punto di rottura arriva quando nella trattativa succede qualcosa che cambia il punto di vista da cui si era partiti. Una novità, un aspetto che prima non si era considerato, una caratteristica personale che emerge e condiziona i rapporti interpersonali, insomma ciò che ci fa vedere le cose in maniera nuova. Un venditore alla sua prima vendita andò da un commerciante di legna che aveva nel cortile antistante la segheria una enorme catasta di legno. A questi egli proponeva degli agenti di vendita. L'impresario non era deciso a fare quel contratto, forse aveva dubbi o paure o vecchie esperienze che lo frenavano. Il venditore riuscì allora a spostare il piano della conversazione adducendo che senza venditori quell'enorme cumulo di legno sarebbe rimasto lì per sempre. Era quello che il cliente temeva e non sopportava più di vedere ogni giorno. Alla fine il venditore portò a casa il contratto, egli era riuscito a distorcere la realtà a suo esclusivo interesse tanto da far pesare quel cumulo di legna molto di più di quanto questo non pesasse realmente. Negoziare è essenzialmente questo.

10.
Il Futuro

Non si può pensare di ragionare da venditori: per vendere bisogna pensare da clienti. Essere nei panni di chi si appresta a spendere per acquisire prodotti e servizi. Solo così si può sperare di vendere. Non esiste nessun guru della vendita e nessun manuale che possa dirci come vendere un determinato prodotto se non siamo aperti alle trasformazioni, se ci rifiutiamo di accettare e fare proprie le mode e le tendenze del consumatore collettivo. Riflettere su cosa vuole il mercato ed essere flessibili nelle soluzioni è l'unico modo di vincere questa nostra battaglia ed uscire dalla crisi. Adattamento è la parola d'ordine. Adattarsi e migliorarsi, questi sono i due comportamenti che bisognerà fare. Bisogna poi passare dal pensiero all'azione e dare concretezza ai nostri sogni. La professione dell'Agente di commercio – intesa in senso ampio come mediatore per la vendita di beni e servizi - è in realtà un insieme articolato di diversi profili che, seppure riconducibili sempre ad attività di vendita, variano per la situazione di lavoro, da trattamento economico, lo sviluppo della carriera ma soprattutto alla cultura, esperienza, capacità di ognuno di noi. La vendita è una attività orizzontale, che riguarda tutti i prodotti. Il quadro attuale deve essere completo, solo così un plurimandatario può riuscire a capire quali sono i settori che "tirano" ed avvicinarsi a quelli a lui più familiari e conosciuti. Fra i settori maggiormente in crescita a livello italiano sono da annoverare quello della meccanica strumentale, che negli ultimi anni sta godendo delle preferenze di Paesi in rapida crescita quali India, Cina e Brasile, senza dimenticare l'Est europeo e la Russia. Anche il settore del tessile e in particolar modo dell'abbigliamento stanno mandando segnali positivi, insieme alle attività produttive legate alla tecnica medicinale, all'ingegneria aerospaziale ed alle costruzioni navali. Da sottolineare è anche la crescita legata allo sviluppo industriale delle tecnologie per la produzione di energia da fonti rinnovabili come, ad esempio, il fotovoltaico e l'eolico. Grazie allo sviluppo dell'e-commerce, infine, sono molte le imprese del settore che stanno vivendo momenti di grande crescita. Ho scritto questi appunti per il venditore e non per le imprese e dunque queste poche righe sono dedicate a chi cerca un nuovo sbocco professionale o vuole aumentare la sua performance di vendita. Iniziamo dalla lettura degli indicatori come il TPI (Trade Performance Index) che parla concretamente di "made in Italy" come insieme di settori in cui il paese eccelle: il tessile, l'abbigliamento e cuoio/calzature seguito dalla meccanica (elettrica e non) che include gli elettrodomestici, nei prodotti manifatturieri di base (che includono prodotti in metallo, ceramiche) e nei prodotti miscellanei (che includono occhiali, oreficeria, articoli in materie plastiche) ed infine gli alimenti trasformati (che includono i vini). Unendo queste conoscenze a quelle del gusto e delle tendenze di mercato si può realmente dare un nuovo impulso alle vendite e al marketing aziendale che spesso non tiene conto di nuove frontiere del consumo come il "mass product luxury", dove il branding è fondamentale. Infine bisognerà accettare i cambi del comportamento degli utenti, sempre più internet-based e condizionati, nella scelta degli acquisti, dalle informazioni presenti sul Web. Si assisterà allo sviluppo di format innovativi per il punto vendita, al fine di sfruttare la convergenza tra tecnologie Web e mobile, per creare esperienze multisensoriali. Solo così la vendita può esprimere nel prossimo futuro la reale crescita che tutti ci aspettiamo. Il venditore scarpe lucide e cravatta è ormai un quadro scolorito appeso alla soffitta dei ricordi che risulta, per certi aspetti, addirittura anacronistico, fuori del tempo e dunque di scarso interesse. Conoscere, essere curiosi, ricercare nuove soluzioni, mettersi ogni giorno alla prova, stracciare la propria carta di identità e avere coraggio di accettare nuove sfide vuol dire rinascere. Nessuno più di un venditore (ad esclusione del politico) ha la necessità di capire dove tira il vento, infatti vendere vuol dire proporre novità. È quel desiderio di novità di freschezza che tutti abbiamo, che questo appartenga ad una giovane coppia che vuole arredare la sua casa con mobili moderni o che sia il manager che vuole coronare il suo successo con un'auto sportiva o che sia la nonna che regala ai suoi nipotini il nuovo giocattolo... La vita è fatta di vecchio e di nuovo. Tutto passa, diceva Eraclito, e questo non rinnova solo i prodotti ma anche le mentalità che si aprono sempre più ad una visione ecocompatibile con la natura. Non importa che voi vogliate o no rinnovarvi, la verità è che dovrete farlo per superare la crisi che alla fine altro non è che un cambiamento.

Bibliografia

Navigazione con cattivo tempo
Coles K.Adlara
Ugo Mursia Editore, 2004

L'ironia ovvero la filosofia del buonumore
Stefano Floris
Marco Valerio, 2003

Il mercato del mobile in Germania
Studio pubblicato dall'Istituto nazionale per il Commercio Estero, ufficio
di Dusseldorf Sezione Beni di Consumo, 2011

Il mito del colossale
Luigi Einaudi
Corriere della Sera, 29 febbraio 1948

Il mito della caverna
Platone
AlboVersorio, 2012

The secret power of negotiaition
Roger Dawson
Amazon, 2011

La città del sole
Campanella Augusto
Feltrinelli editore, 2011

La negoziazione
Rino Rumiati, Davide Pietroni.
Raffaele Cortina Editore, 2001

Manuale del capo
Bonaparte Napoleone
Einaudi Tascabili, 2009

Riflessioni sul distretto industriale marshalliano come concetto socioeconomico
Giacomo Becattini
Stato e Mercato 1, n. 25, aprile 1989

Spin Selling
Neil Rackham
McGraw-Hill, 1988

Eye and Head Turning Indicates Cerebral Lateralization
Marcel Kinsbourne
Science, 1972

Alice nel paese delle meraviglie
Lewis Carroll
Rizzoli Editore, 2010

Der Witz und seine Beziehung zum Unbewußten
Freud Sigmund
Franz Deutiche, 1905

Anche le formiche nel loro piccolo s'incazzano
Gino & Michele, Molinari Matteo
Arnoldo Mondadori Editore, 1997

L' arte della guerra
Sun Tzu
Giulio Einaudi editore, 2011

Mastering the Complex Sale: How to Compete and Win When the Stakes are High!
Thull Jeff
John Wiley & Sons Inc., 2003

The bargaining problem
J.F. Nash
Econometrica, 1950

Diplomacy
Kissinger Henry
Simon & Schuster, 1995

Le Armi della Persuasione
B. Cialdini Robert
Giunti Editore, 2005

The Origin of Species by Means of Natural Selection, or the Preservation of Favoured Races in the Struggle for Life
Darwin Charles
John Murray, 1859

Il banchiere dei poveri
Yunus Muhammad
Feltrinelli editore, 1998

Steve Jobs, l'uomo che ha inventato il futuro
Elliot Jay
Hoepli, 2011.

De recta ratione audiendi
Pluraco di Cheronea
Biblioteca dell'Immagine, 1994

Contratti: l'influenza delle "tradizioni"
Vartui Kurkdjian

La legge di Murphy e altri motivi per cui le cose vanno a rovescio!
Arthur Bloch
Longanesi, 1988

Le origini della tragedia e del tragico. Dalla preistoria a Eschilo
Mario Untersteiner
Cisalpino, 1984

Pensieri di un uomo curioso
Einstein Albert
Arnoldo Mondadori Editore, 1999

Temporary Management - Ascoltiamo l'Europa
Maurizio Quarta (Temporary Management Capital Advisors)
Franco Angeli, 2002

"Ricette per uscire dalla crisi - Soluzioni dal temporary management"
Gian Andrea Oberegelsbacher e Leading Network (IPSOA)

Prediche inutili (1956 – 1959)
Luigi Einaudi
Giulio Einaudi Editore, 1974

Principali fonti internet

www.abctribe.com

www.liceoberchet.it

www.studio.dicrosta.it

www.corriere.it

www.cgiamestre.com

www.wandamontanelli.it

www.vogliovivereecosi.com

www.lescahiersfm.com

www.manageronline.it

www.octagona.com

www.wiwo.de

www.rapportipaesecongiunti.it

www.businessonline.it

www.repubblica.it

www.apple.com

www.slideshare.net

www.sueddeutsche.de

www.henokiens.com

www.branchenbuchdeutschland.de

www.ice.gov

www.esteri.it

www.biography.com

www.usatoday.com

www.albalagh.net

www.filosofico.net

www.42explore2.com

www.chiesacattolica.it

www.statistica.it

www.eures.europa.eu

www.vittoriogiovannacci.com

www.mid.ru

www.minfin.ru

www.fas.gov

www.eng.custom.ru

www.russianivest.ru.eng

www.ccir.it

www.itcam.org

www.dihk.de

www.bmwi.de

www.bundesanzeiger.de

www.din.de

www.nienteansia.it

www.novatore.it

www.iisf.it

www.osec.ch

www.okpedia.it

www.ilpolitico.it

www.adnkronos.com

ISBN 9788898470365